Grüße an deine Seele

ISBN 3-89198-040-0

4. Auflage 1998

Gesamtherstellung: Kösel, Kempten

Grüße an deine Seele

Gedanken, Gedichte, Geschichten
zusammengestellt
von
Ilse Gutjahr

Das immerwährende Kalender-Tagebuch

emu verlag

*Liebe Leserinnen und Leser,
nun liegt eine dritte Auflage »Grüße an deine Seele« vor. Darüber freue ich mich besonders, denn dies war ursprünglich gar nicht beabsichtigt. Der Dank gilt also Ihnen und Ihrem anhaltenden Interesse an diesem Büchlein. Danken möchte ich aber auch besonders Heinrich Metzdorf (Fotos) und Wolfgang Makosch (Zeichnungen).*

Geht es Ihnen auch so, daß Sie sich in vielen der nachfolgenden Texte widerspiegeln? Es ist doch tröstlich zu wissen, daß andere (alle) Menschen ähnlich empfinden – an traurigen Tagen, bei Freude, Angst, Enttäuschung, Unsicherheit, Schmerz, aber auch im Zorn!

In diesem Sinne sende ich ganz persönliche »Grüße an deine Seele«.

Ilse Gutjahr

Lob der Vergänglichkeit

Sie werden überrascht sein, mich auf Ihre Frage, woran ich glaube, oder was ich am höchsten stelle, antworten zu hören: Es ist die Vergänglichkeit.

Aber Vergänglichkeit ist etwas sehr Trauriges, werden Sie sagen. – Nein, erwidere ich, sie ist die Seele des Seins, ist das, was allem Leben Wert, Würde und Interesse verleiht, denn sie schafft Zeit, – und Zeit ist die höchste, nutzbarste Gabe, in ihrem Wesen verwandt, ja identisch mit allem Schöpferischen und Tätigen, aller Regsamkeit, allem Wollen und Streben, aller Vervollkommnung, allem Fortschritt zum Höheren und Besseren. Wo nicht Vergänglichkeit ist, nicht Anfang und Ende, Geburt und Tod, da ist keine Zeit, – und Zeitlosigkeit ist das stehende Nichts, so gut und so schlecht wie dieses, das absolut Uninteressante.

Die Biologen schätzen das Alter des organischen Lebens auf Erden ungefähr auf fünfhundertfünfzig Millionen Jahre. In dieser Zeit entwickelte es in unzähligen Mutationen seine Formen bis hinauf zum Menschen, seinem jüngsten und gewecktesten Kinde. Ob dem

Leben noch eine ebenso lange Zeit gewährt sein wird, wie seit seiner Entstehung vergangen ist, weiß niemand. Und würde das Leben noch einmal fünfhundertfünfzig Millionen Jahre alt – am Maßstabe der Äonen gemessen ist es ein flüchtiges Zwischenspiel.

Wird es dadurch entwertet? Im Gegenteil, meine ich, gewinnt es dadurch ungeheuer an Wert und Seele und Reiz.

Die Beseeltheit des Seins von Vergänglichkeit gelangt im Menschen zu ihrer Vollendung. Nicht, daß er allein Seele hätte. Alles hat Seele. Aber die seine ist die wachste in ihrem Wissen um die Auswechselbarkeit der Begriffe »Sein« und »Vergänglichkeit« und um die Gabe der Zeit. Ihm ist gegeben, die Zeit zu heiligen, einen Acker, zu treulichster Bestellung auffordernd, in ihr zu sehen, sie als Raum der Tätigkeit, des rastlosen Strebens, der Selbstvervollkommnung des Fortschreitens zu seinen höchsten Möglichkeiten zu begreifen und mit ihrer Hilfe dem Vergänglichen das Unvergängliche anzuringen.

Die Astronomie, eine große Wissenschaft, hat uns gelehrt, die Erde als ein im Riesengetümmel des Kosmos höchst unbedeutendes, selbst noch in ihrer eigenen Milchstraße ganz peripher sich umtreibendes Winkelsternchen zu betrachten. Das ist wissenschaftlich unzweifelhaft richtig, und doch bezweifle ich, daß sich in dieser Richtung die Wahrheit erschöpft. In tiefster Seele glaube ich – und halte diesen Glauben für jeder Menschenseele natürlich –, daß der Erde im Allsein eine zentrale Bedeutung zukommt. In tiefster Seele hege ich die Vermutung, daß es bei jenem »Es werde«, das aus dem Nichts den Kosmos hervorrief, und bei der Zeugung des Lebens aus dem anorganischen Sein auf den Menschen abgesehen war und daß mit ihm ein großer Versuch angestellt ist, dessen Mißlingen durch Menschenschuld dem Mißlingen der Schöpfung selbst, ihrer Widerlegung gleichkäme.

Möge es so sein oder nicht so sein – es wäre gut, wenn der Mensch sich benähme, als wäre es so.

Thomas Mann
(gekürzte Fassung)

Januar

1

2

3

4

5

6

7

8

Desiderata

Gehe ruhig und gelassen durch Lärm und Hast und sei des Friedens eingedenk, den die Stille bergen kann. Stehe, soweit ohne Selbstaufgabe möglich, in freundlicher Beziehung zu allen Menschen. Äußere deine Wahrheit ruhig und klar und höre anderen ruhig zu, auch den Geistlosen und Unwissenden; auch sie haben ihre Geschichte. Meide laute und aggressive Menschen, sie sind eine Qual für den Geist. Wenn du dich mit anderen vergleichst, könntest du bitter werden und dir nichtig vorkommen; denn immer wird es jemanden geben, größer oder geringer als du. Freue dich deiner eigenen Leistungen wie auch deiner Pläne. Bleibe weiter an deinem eigenen Weg interessiert, wie bescheiden auch immer. Er ist ein echter Besitz im wechselnden Glück der Zeiten. In deinen geschäftlichen Angelegenheiten lasse Vorsicht walten; denn die Welt ist voller Betrug. Aber nichts soll dich blind machen gegen gleichermaßen vorhandene Rechtschaffenheit. Viele Menschen ringen um hohe Ideale; und überall ist das Leben voll Heldentum. Sei du selbst, vor allen Dingen heuchle keine Zuneigung, noch sei zynisch, was die Liebe betrifft; denn auch im Augenblick aller Dürre und Enttäuschung ist sie doch immerwährend wie Gras. Ertrage freundlich gelassen den Ratschluß der Jahre, gib die Dinge der Jugend mit Grazie auf. Stärke die Kraft des Geistes, damit sie dich in plötzlich hereinbrechendem Unglück schütze. Aber erschöpfe dich nicht mit Phantasien. Viele Ängste kommen aus Ermüdung und Einsamkeit. Neben einer heilsamen Selbstdisziplin sei freundlich mit dir selbst. Du bist Kind Gottes genauso wie die Bäume und Sterne; du hast ein Recht hier zu sein. Und, ob es dir bewußt ist oder nicht, es besteht kein Zweifel, das Universum entfaltet sich wie vorgesehen. Darum lebe in Frieden mit Gott, was für eine Vorstellung du auch immer von ihm hast. Was auch immer deine Arbeit und dein Sehnen ist, erhalte dir den Frieden mit deiner Seele in der lärmenden Wirrnis des Lebens. Mit all der Schande, der Plackerei und den zerbrochenen Träumen ist es dennoch eine schöne Welt. Strebe behutsam danach, glücklich zu sein.

aus der alten St.-Pauls-Kirche, Baltimore, 1692

9

10

11

12

13

14

15

16

Ein Mann träumte ...

Ein Mann träumte, daß er zusammen mit Gott am Strande des Meeres entlangging. Sie sprachen miteinander. Da deutete Gott nach rückwärts und zeigte ihm die Fußspuren, die sie im weichen Sand hinterlassen hatten. Der Mann erkannte, daß zu jedem Tag seines Lebens zwei Paar Fußabdrücke gehörten. Er sah neben seinen die Spuren Gottes und verstand: Gott ist mit ihm durchs Leben gegangen. Er wurde sehr dankbar.

Als er aber weiter zurückschaute, merkte er, daß über weite Strecken nur ein Paar Fußabdrücke da waren. Er stellte fest, daß das gerade an den traurigen und schweren Tagen seines Lebens der Fall war. Er fragte Gott: Warum habe ich gerade an den Tagen meines Leidens alleine gehen müssen? Warum sind da nur meine Spuren im Sand? –
Gott lächelte. Du irrst dich. Ich lasse dich nie allein. Die Spuren, die du siehst, stammen nicht von dir. Es sind meine. An den schweren Tagen habe ich dich in meinen Armen gehalten und getragen.

Verfasser unbekannt

17

18

19

20

21

22

23

24

Die Geschichte vom Bambus

In einem großen Garten wuchs ein Bambusbaum. Der Herr des Gartens hatte seine Freude an ihm. Von Jahr zu Jahr wurde er kräftiger und schöner. Eines Tages aber blieb der Herr vor ihm stehen und sagte:
Lieber Bambus, ich brauche dich.
Der Baum antwortete: Herr, ich bin bereit, gebrauche mich, wie du willst.
Die Stimme des Herrn wurde ernst: Um dich zu gebrauchen, muß ich dich beschneiden.

Der Baum erzitterte: Mich beschneiden? Deinen schönsten Baum im Garten? Nein bitte, das nicht, bitte nicht! Verwende mich doch zu deiner Freude, Herr, aber beschneiden …

Der Herr sagte noch ernster: Wenn ich dich nicht beschneide, kann ich dich nicht gebrauchen.

Im Garten wurde es ganz still. Der Wind hielt den Atem an. Langsam beugte der Bambus seinen herrlichen Kopf und sagte leise: Herr, wenn du mich anders nicht gebrauchen kannst, dann beschneide mich.

Doch der Herr fuhr fort: Mein geliebter Bambus, ich werde dir auch deine Blätter und Äste abschneiden!

Ach, Herr, davor bewahre mich. Zerstöre meine Schönheit, aber laß mir bitte Blätter und Äste!

Wenn ich sie dir nicht abschneide, sprach der Herr, kann ich dich nicht gebrauchen!

Die Sonne versteckte ihr Gesicht. Ein Schmetterling flog ängstlich davon. Bis ins Mark getroffen flüsterte der Bambus: Herr, schlag sie ab.

Mein geliebter Bambus, ich muß dir noch mehr antun. Ich muß dich mitten durchschneiden und dein Herz herausnehmen. Wenn ich das nicht tue, kann ich dich nicht gebrauchen.

Da neigte sich der Bambus bis zur Erde: Herr, schneide und teile!

So schnitt der Herr des Gartens den Bambus, hieb seine Äste ab, streifte seine Blätter fort, teilte ihn in zwei Teile und schnitt sein Herz heraus. Dann trug er ihn mitten durch die trockenen Felder in die Nähe einer Quelle. Dort verband er mit dem Bambusstamm die Quelle mit der Wasserstelle im Feld. Und das klare, glitzernde Wasser schoß durch den zerteilten Körper des Bambus in den Kanal und floß auf die dürren Felder, um eine reiche Ernte möglich zu machen. –

So wurde der herrliche Bambus erst zum großen Segen, als er gebrochen und zerschlagen war.

Verfasser unbekannt

25

26

27

28

29

30

31

*Selbstdenken heißt:
den obersten Probierstein
der Wahrheit in sich selbst,
das ist, in seiner eigenen
Vernunft, suchen; und die
Maxime, jederzeit selbst
zu denken, ist die Auf-
klärung.*

*Immanuel Kant,
Was ist Aufklärung?*

*Erfahrungen
vererben sich nicht –
jeder muß sie allein
machen.*

Kurt Tucholsky

1

2

3

4

5

6

7

8

Ein Mann sitzt im Bummelzug. Bei jeder Station steckt er den Kopf zum Fenster hinaus, liest den Ortsnamen und stöhnt. Nach vier oder fünf Stationen fragt ihn sein Gegenüber besorgt: »Tut Ihnen etwas weh? Sie stöhnen so entsetzlich.«
Da antwortet er: »Eigentlich müßte ich aussteigen. Ich fahre dauernd in die falsche Richtung. Aber hier ist es so schön warm drin.«

– aufgelesen –

9

10

11

12

13

14

15

16

Ein Indianer war an einem Sonntag mit Pferd und Wagen zu seinem Dorf unterwegs. Auf dem Wege dorthin wurde er von einem Missionar angehalten, der ihn ermahnte, an einem Sonntag nicht zu arbeiten.
Ich weiß, daß Sonntag ist, sagte der Indianer, aber ich war bei den Weißen und habe dort Mehl und Kartoffeln für meine Frau und Kinder geholt, weil sie Hunger haben. Ist das falsch?
Mich interessiert nicht, was du geholt hast, entgegnete der Missionar hartnäckig, sondern heute ist ein heiliger Tag, an dem du Pferd und Wagen nicht benutzen darfst.
Der Indianer wurde nachdenklich: Ich arbeite doch aber an den anderen Tagen. Soll ich denn meine Familie verhungern lassen?
Der Missionar, versteift in das, was man ihn gelehrt hatte, hörte gar nicht richtig zu, sondern schimpfte laut: Ich sage dir, daß du heute nicht arbeiten und auch nicht mit deinem Fuhrwerk fahren darfst. Dies ist der Tag des Herrn!
Der Indianer blickte höflich, aber sichtlich verwirrt. Lange Zeit sagte er nichts. Plötzlich leuchtete sein Gesicht vor Freude: Ich verstehe dich jetzt, rief er, euer Gott kommt nur an einem Tag der Woche zu euch. Mein Gott ist aber jeden Tag und immer bei mir!

nacherzählt von G

17

18

19

20

21

22

23

24

Kleines Liebeslied

Weil deine Augen so voll Trauer sind,
Und deine Stirn so schwer ist von Gedanken,
Laß mich dich trösten, so wie man ein Kind
In Schlaf einsingt, wenn letzte Sterne sanken.

Die Sonne ruf ich an, das Meer, den Wind,
Dir ihren hellsten Sommertag zu schenken,
Den schönsten Traum auf dich herabzusenken,
Weil deine Nächte so voll Wolken sind.

Und wenn dein Mund ein neues Lied beginnt,
Dann will ichs Meer und Wind und Sonne danken,
Weil deine Augen so voll Trauer sind,
Und deine Stirn so schwer ist von Gedanken …

Mascha Kaléko
1912–1975

25

26

27

28

29

Der Sinn einer bitteren Melone

Ein Herr hatte einen Diener, der ihm sehr ergeben war. Eines Tages gab er dem Diener eine Melone, die reif und köstlich ausschaute, nachdem sie aufgeschnitten war. Der Diener aß ein Stück, dann noch eines und noch eines mit großem Genuß, bis fast die ganze Melone aufgegessen war. Sein Herr wunderte sich sehr darüber, daß sein Diener ihm nichts anbot. So nahm er das letzte Stück, probierte es und fand die Melone übermäßig bitter und ungenießbar. »Warum ist sie bitter? Fandest du es nicht so?« fragte er den Diener. »Ja, mein Herr«, antwortete der Sklave, »sie war bitter und unangenehm, aber ich habe so viel Süßes von deinen Händen gekostet, daß eine bittere Melone nicht erwähnenswert war.«

Quelle: Nossrat Peseschkian
»33 und eine Form der Partnerschaft«
(Fischer)

1

2

3

4

5

6

7

8

Der kleine Steinmetz

In einer kleinen Ortschaft mitten in den Bergen lebte ein kleiner Steinmetz. Sein größter Wunsch war es, einmal in seinem Leben den König zu sehen. Und eines Tages war es soweit! Der König kam durch die Ortschaft gezogen. Das ganze Dorf war auf den Beinen, allen voran der kleine Steinmetz.

Da passierte es, daß er vor lauter Begeisterung vergaß, sich zu verbeugen, und er erhielt von der Wache einen derben Schlag. Das kränkte ihn mehr, als es ihm weh tat. Er zog sich beleidigt zurück, um nachzugrübeln. »Lieber Gott«, seufzte er, »jetzt habe ich mein Lebtag darauf gewartet, diesen mächtigen Mann zu sehen, und nun, da mein Wunsch in Erfüllung geht, kommt es ganz anders als ich dachte! Ich bin so klein und unbedeutsam – am liebsten würde ich selber so groß und mächtig sein – das wäre was für mich!« »Gut«, hörte er die Stimme Gottes, »so sollst du König werden.« Und der kleine Steinmetz wurde ein großer, mächtiger König. Er fuhr mit seinem Wagen und seinem Gefolge durch die Lande und genoß seinen großen Reichtum, seine Macht und seinen Glanz, bis er durch eine

9

10

11

12

13

14

15

16

Wüste kam und die Sonne so auf ihn herniederheizte, daß er sich nicht mehr zu helfen wußte. Dann sann er abermals nach und dachte, es wäre doch schön, so eine Sonne zu sein, die wäre doch viel mächtiger als ein König, denn mit allem Fächeln und Kühlen konnte er sich nicht vor ihren Strahlen schützen. »Gut«, hörte er wieder die Stimme, »so sollst du Sonne sein.«

Und er wurde zur Sonne, glänzte, strahlte und glühte so sehr, daß er in seinem Eifer Wüsten wachsen ließ und die Menschen quälte. Da schob sich eine große, dicke Wolke vor ihn und alle seine Strahlen nützten ihm nichts, er konnte nicht mehr zur Erde durchdringen! Da meinte er: »So eine Wolke sein, lieber Gott, das wäre doch noch etwas Besseres für mich. Denn mit all meinen Strahlen kann ich sie nicht durchdringen! So eine Wolke ist sicher noch viel mächtiger als die Sonne.« »Gut«, hieß es wieder, und er wurde zur Wolke. Sofort flitzte er um den nächsten Berg und schob sich, breit und dick wie er war, vor die Sonne. Er ließ es regnen, hageln und schneien und genoß seine Macht durchaus – so lange, bis ein heftiger Windstoß kam und ihn fortblies, ohne daß er sich hätte wehren können. Da haderte er abermals ein wenig mit seinem Schicksal. »Ach«, meinte er nun, »so ein Wind müßte man sein!« »Gut«, hieß es, »so sollst du Wind sein.« Hui, da wehte er Bäume um und blies die Wolken vor sich her, daß es nur so eine Freude war. Aber was war das? Da stand ein großer Berg vor ihm. Fest und unverrückbar. So stark er auch blies – der lies sich überhaupt nicht beeindrucken! Also wandte er sich ein letztes Mal mit einem Herzenswunsch an Gott. »Ach, siehst du, ein Mal nur noch bitte ich dich, mir zu helfen, denn so ein Berg möchte ich sein. Der ist wohl wirklich der Mächtigste unter allen – kein Sturm, kein Regen und auch die Sonne kann ihm nichts anhaben. Herrlich muß es sein, so als der Mächtigste von allen dazustehen!« »Gut«, lächelte der liebe Gott. Und schon stand er als Berg da, fest und großartig und mächtig. Er schaute in die Runde, und keine Hitze, kein Wolkenbruch und kein noch so starker Sturm konte ihn erschüttern.

Da kam aus dem nahegelegenen Dorf ein kleiner Steinmetz – und der schlug sich vom Berg einen Stein heraus, weil er ihn für seine Arbeit brauchte.

Verfasser unbekannt,
erzählt von Sabine Hlavin

17

18

19

20

21

22

23

24

Willst du das Land in Ordnung bringen,
mußt du erst die Provinzen in Ordnung bringen.
Willst du die Provinzen in Ordnung bringen,
mußt du die Städte in Ordnung bringen.
Willst du die Städte in Ordnung bringen,
mußt du die Familien in Ordnung bringen.
Willst du die Familien in Ordnung bringen,
mußt du die eigene Familie in Ordnung bringen.
Willst du die eigene Familie in Ordnung bringen,
mußt du dich in Ordnung bringen.

25

26

27

28

29

30

31

*Wir sind verantwortlich
für das,
was wir tun,
aber auch für das,
was wir nicht tun.*

Voltaire

Wer will
daß die Welt
so bleibt wie sie ist
der will nicht
daß sie bleibt

Erich Fried

1

2

3

4

5

6

7

8

Foto: Michael Saremba

Mut

Was keiner wagt, das sollt ihr wagen
was keiner sagt, das sagt heraus
was keiner denkt, das wagt zu denken
was keiner anfängt, das führt aus.

Wenn keiner ja sagt, sollt ihr's sagen
wenn keiner nein sagt, sagt doch nein
wenn alle zweifeln, wagt zu glauben
wenn alle mittun, steht allein.

Wo alle loben, habt Bedenken
wo alle spotten, spottet nicht
wo alle geizen, wagt zu schenken
wo alles dunkel ist, macht Licht.

v. Zenetti

Ein junger Mann betritt einen Laden. Er fragt den Verkäufer, was er alles kaufen könne. »Was Sie wollen«, antwortet der.
»Ja dann«, sagt der junge Mann, »dann möchte ich das Ende aller Kriege und daß kein Kind mehr verhungert und daß die Menschen miteinander reden statt sich totzuschlagen und daß mehr Freude ist und …«
»Halt, halt«, sagt der Verkäufer. »Wir verkaufen keine Früchte, sondern nur den Samen!«

– aufgelesen –

9

10

11

12

13

14

15

16

Was es ist

Es ist Unsinn
sagt die Vernunft
Es ist was es ist
sagt die Liebe

Es ist Unglück
sagt die Berechnung
Es ist nichts als Schmerz
sagt die Angst
Es ist aussichtslos
sagt die Einsicht
Es ist was es ist
sagt die Liebe

Es ist lächerlich
sagt der Stolz
Es ist leichtsinnig
sagt die Vorsicht
Es ist unmöglich
sagt die Erfahrung
Es ist was es ist
sagt die Liebe

Erich Fried

17

18

19

20

21

22

23

24

Die Welt ist leer,
wenn man nur Berge, Flüsse
und Städte darin denkt;
aber hie und da jemand zu
wissen, der mit uns überein-
stimmt, mit dem wir auch
stillschweigend fortleben,
das macht uns dieses Erden-
rund erst zu einem bewohn-
ten Garten.

Johann Wolfgang von Goethe

25

26 Tschernobyl

27

28

29

30

Das Gedächtnis der Menschheit

Das Gedächtnis der Menschheit
für erduldete Leiden ist erstaunlich kurz.

Ihre Vorstellungsgabe für kommende
Leiden ist fast noch geringer …

Diese Abgestumpftheit ist es,
die wir zu bekämpfen haben,
ihr äußerster Grad ist der Tod.

Allzu viele kommen uns schon
heute vor wie Tote, wie Leute,
die schon hinter sich haben,
was sie vor sich haben,
so wenig tun sie dagegen.

Laßt uns das tausendmal Gesagte
immer wieder sagen, damit es
nicht einmal zu wenig gesagt wurde!

Laßt uns die Warnungen erneuern,
und wenn sie schon wie Asche
in unserem Mund sind!

Denn der Menschheit drohen Kriege,
gegen welche die vergangenen
wie armselige Versuche sind,
und sie werden kommen ohne jeden
Zweifel, wenn denen, die sie in aller
Öffentlichkeit vorbereiten,
nicht die Hände zerschlagen werden.

Bertolt Brecht

1

2

3

4

5

6

7

8

Nichts ist schwerer
und nichts erfordert
mehr Charakter,
als sich in offenem
Gegensatz zu seiner
Zeit zu befinden
und laut zu sagen:
Nein.

Kurt Tucholsky

Mai

9

10

11

12

13

14

15

16

Zweifle nicht
an dem
der dir sagt
er hat Angst
aber hab Angst
vor dem
der dir sagt
er kennt keinen Zweifel

Erich Fried

17

18

19

20

21

22

23

24

Ein weiser Mann wurde einmal gefragt, warum er immer so konzentriert und gelassen sei.
»Wenn ich sitze, sitze ich«, erwiderte er. »Wenn ich stehe, stehe ich. Wenn ich laufe, laufe ich.«
»Aber das tun wir doch auch«, sagten die anderen.
»Nein«, antwortete er. »Wenn ihr sitzt, dann steht ihr schon, wenn ihr steht, dann lauft ihr schon, und wenn ihr lauft, dann seid ihr bereits am Ziel.«

25

26

27

28

29

30

31

Ein alter Rabbi fragte einst seine Schüler, wie man die Stunde bestimmt, in der die Nacht endet und der Tag beginnt. Ist es, wenn man von weitem einen Hund von einem Schaf unterscheiden kann, fragte einer der Schüler. Nein, sagte der Rabbi. Ist es, wenn man von weitem einen Dattel- von einem Feigenbaum unterscheiden kann, fragte ein anderer. Nein, sagte der Rabbi. Aber wann ist es dann, fragten die Schüler. Es ist dann, wenn du in das Gesicht irgendeines Menschen blicken kannst und deine Schwester oder deinen Bruder siehst. Bis dahin ist die Nacht noch bei uns.

1

2

3

4

5

6

7

8

Das Leben ist keine kurze Kerze
für mich,
es ist eine prachtvolle Fackel,
welche mir für einen Moment
zum Halten gegeben wurde,
und bevor ich sie den zukünftigen
Generationen weiterreiche,
will ich sie so strahlend als möglich
entflammen lassen.

George Bernard Shaw

9

10

11

12

13

14

15

16

Das Land des Verstandes ist eine Insel und durch die Natur selbst in unveränderliche Grenzen eingeschlossen. Es ist das Land der Wahrheit, umgeben von einem weiten und stürmischen Ozean, dem eigentlichen Sitz des Scheins, wo manche Nebelbank und manches bald wegschmelzende Eis neue Länder lügt und, indem es den auf Entdeckungen herumschwärmenden Seefahrer unaufhörlich mit leeren Hoffnungen täuscht, ihn in Abenteuer verflicht, von denen er niemals ablassen und sie auch niemals zu Ende bringen kann.

Immanuel Kant,
Über die Grenzen der Vernunft

17

18

19

20

21

22

23

24

Ärzte schütten Medikamente
von denen sie wenig wissen
zur Heilung von Krankheiten
von denen sie noch weniger wissen
in den Menschen hinein
von dem sie gar nichts wissen

Voltaire

25

26

27

28

29

30

Woher wüßten wir, wie wir leben sollen, wenn wir nicht an etwas glaubten, das größer ist als wir? Wer würde uns lehren zu leben? Wer sagt dem Baum, wann die Zeit kommt, seine kleinen Blätter auszutreiben? Wer sagt diesen Drosseln da, daß es warm geworden ist und sie wieder nach Norden fliegen können? Vogel und Bäume hören auf etwas, das weiser ist als sie. Von sich aus würden sie es niemals wissen.

Oft sitze ich allein in der Wüste und schau die Lilien an und all die hübschen kleinen rosa Blüten und frage mich: »Wer hat euch gesagt, daß es Frühling ist und daß ihr blühen sollt?« Und ich denke und denke nach, und immer komme ich auf dieselbe Antwort. Das, was größer ist als wir, lehrt alle Lebewesen, was sie tun sollen. Wir sind wie die Blumen. Wir leben und wir sterben, und aus uns selbst heraus wissen wir nichts. Aber das, was größer ist als wir, lehrt uns – lehrt uns, wie wir leben sollen.

Chiparopai, Yuma-Indianerin
in »Weißt du, daß die Bäume reden«
(Herder)

1

2

3

4

5

6

7

8

Wir sollten stets eingedenk sein,
daß der heutige Tag nur einmal kommt
und nimmer wieder.
Aber wir wähnen, er komme wieder;
morgen ist jedoch ein anderer Tag,
der auch nur einmal kommt.

Arthur Schopenhauer

9

10

11

12

13

14

15

16

Ein Mensch gelangt mit Müh und Not
vom Nichts zum ersten Stückchen Brot.
Vom Brot zur Wurst geht's dann schon
besser;
der Mensch entwickelt sich zum Fresser.
Und sitzt nun scheinbar ohne Kummer
als reicher Mann bei Sekt und Hummer.
Doch sieh, zu Ende ist die Leiter:
Vom Hummer aus geht's nicht mehr weiter.
Beim Brot, so meint er, war das Glück,
doch findet er nicht mehr zurück.

Eugen Roth

17

18

19

20

21

22

23

24

Eine Schlange,
die sich nicht häutet,
stirbt.

Nietzsche

25

26

27

28

29

30

31

Stefan Zweig
Letztes Gedicht

Der Sechzigjährige dankt

Linder schwebt der Stunden Reigen
Über schon ergrautem Haar,
Denn erst an des Bechers Neige
Wird der Grund, der gold'ne klar.

Vorgefühl des nahen Nachtens
Es verstört nicht – es entschwert!
Reine Lust des Weltbetrachtens
Kennt nur, wer nichts mehr begehrt.

Nicht mehr fragt, was er erreichte,
Nicht mehr klagt, was er gemißt,
Und dem Altern nur der leichte
Anfang seines Abschieds ist.

Niemals glänzt der Ausblick freier
Als im Glast des Scheidelichts,
Nie liebt man das Leben treuer
Als im Schatten des Verzichts.

Sommerbild

Ich sah des Sommers letzte Rose stehn,
Sie war, als ob sie bluten könne, rot;
Da sprach ich schauernd im Vorübergehn:
So weit im Leben, ist zu nah am Tod!

Es regte sich kein Hauch am heißen Tag,
Nur leise strich ein weißer Schmetterling;
Doch, ob auch kaum die Luft sein Flügelschlag
Bewegte, sie empfand es und verging.

Friedrich Hebbel

1

2

3

4

5

6

7

8

»Wenn du einen Freund willst, so zähme mich!«
»Was muß ich da tun?«
sagte der kleine Prinz.
»Du mußt sehr geduldig sein«, antwortete der Fuchs. »Du setzt dich zuerst ein wenig abseits von mir ins Gras. Ich werde dich verstohlen, so aus dem Augenwinkel anschauen, und du wirst nichts sagen. Die Sprache ist eine Quelle von Mißverständnissen. Aber jeden Tag wirst du dich ein bißchen näher setzen können.«

Der Kleine Prinz
Saint-Exupéry

9

10

11

12

13

14

15

16

Gibt es Gott für Sie?

Frage an Eugen Drewermann in »Näher zu Gott nah bei den Menschen« (Kösel)

Ich denke, wenn in der Natur ein Wesen entstehen konnte, das wie der Mensch voller Fragen ist, worauf die Natur nicht antworten kann, ist es berechtigt zu glauben, daß irgendwo diese Fragen eine Antwort finden. Die Natur hat uns eine Falle gestellt: Sie hat lebendige Wesen hervorgebracht, die selbst nachdenken können, die das Gefühl haben, als einzelne etwas Einzigartiges und höchst Wichtiges zu sein. Das ist ein großes Risiko, denn für die Natur als solche sind wir weder einzigartig noch unersetzlich. Ganz im Gegenteil: sie hat uns nur ermöglicht und wird uns eines Tages genauso gleichgültig wieder zurücknehmen; wir sind ihr weder notwendig noch besonders lieb. Aber diese vernünftige kalte Naturauffassung kann unser Selbstverständnis nicht bestimmen: mehr noch, sie darf unser Handeln andern gegenüber nicht bestimmen. Sonst wäre der Faschismus vor der Tür.

Wir haben viele Fragen an die Natur: Was ist mit dem Tod? Was ist mit dem Sinn, wonach wir suchen? Woher kommt es, daß wir Menschen menschlich leben können? In dem Raum solcher Fragen fügt sich gerade die Religion ein. Die Menschen sind nicht nur der Natur gegenübergestellt, sondern sie fühlen sich größer als sie, sie müssen an ein Gegenüber glauben, das sie übersteigt. Die Transzendenz des Menschen gegenüber der Natur ist der Ursprung des Glaubens an die Transzendenz Gottes. Beide sind parallel. Das Bild Gottes verändert sich gleichzeitig mit dem Bild des Menschen.

Johann Wolfgang von Goethe
an Charlotte v. Stein

Woher sind wir geboren
Aus Lieb.
Wie wären wir verloren
Ohn Lieb.
Was hilft uns überwinden?
Die Lieb.
Kann man auch Liebe finden?
Durch Lieb.
Was läßt nicht lange weinen?
Die Lieb.
Was soll uns stets vereinen
Die Lieb.

17

18

19

20

21

22

23

24

Mondnacht

Es war, als hätt der Himmel
Die Erde still geküßt,
Daß sie im Blütenschimmer
Von ihm nun träumen müßt.

Die Luft ging durch die Felder,
Die Ähren wogten sacht,
Es rauschten leis die Wälder,
So sternklar war die Nacht.

Und meine Seele spannte
Weit ihre Flügel aus,
Flog durch die stillen Lande,
Als flöge sie nach Haus.

Joseph von Eichendorff

25

26

27

28

29

30

31

Von den Kindern

Eure Kinder sind nicht eure Kinder.
Sie sind die Söhne und Töchter der Sehnsucht des Lebens nach sich selber.
Sie kommen durch euch, aber nicht von euch,
Und obwohl sie mit euch sind, gehören sie euch doch nicht.

Ihr dürft ihnen eure Liebe geben, aber nicht eure Gedanken,
Denn sie haben ihre eigenen Gedanken. Ihr dürft ihren Körpern ein Haus geben, aber nicht ihren Seelen,
Denn ihre Seelen wohnen im Haus von morgen, das ihr nicht besuchen könnt, nicht einmal in euren Träumen.

Ihr dürft euch bemühen, wie sie zu sein, aber versucht nicht, sie euch ähnlich zu machen. Denn das Leben läuft nicht rückwärts, noch verweilt es im Gestern.

Ihr seid die Bogen, von denen eure Kinder als lebende Pfeile ausgeschickt werden. Der Schütze sieht das Ziel auf dem Pfad der Unendlichkeit, und Er spannt euch mit Seiner Macht, damit seine Pfeile schnell und weit fliegen.

Laßt euren Bogen von der Hand des Schützen auf Freude gerichtet sein; Denn so wie Er den Pfeil liebt, der fliegt, so liebt Er auch den Bogen, der fest ist.

Khalil Gibran ›Der Prophet‹

Kennen Sie das Märchen von der Kornähre?

Vorzeiten, als Gott noch selbst auf Erden wandelte, da war die Fruchtbarkeit des Bodens viel größer, als sie jetzt ist: damals trugen Ähren nicht fünfzig- oder sechzigfältig, sondern vier- bis fünfhundertfältig. Da wuchsen die Körner am Halm von unten bis oben hinauf: so lang er war, so lang war auch die Ähre. Aber wie die Menschen sind, im Überfluß achten sie des Segens nicht mehr, der von Gott kommt, werden gleichgültig und leichtsinnig.
Eines Tages ging eine Frau an einem Kornfeld vorbei, und ihr kleines Kind, das neben ihr sprang, fiel in eine Pfütze und beschmutzte sein Kleidchen. Da riß die Mutter eine Handvoll der schönen Ähren ab und reinigte ihm damit das Kleid. Als der Herr, der eben vorüberkam, das sah, zürnte er und sprach:

1

2

3

4

5

6

7

8

Fortsetzung von S. 90

»Fortan soll der Kornhalm keine Ähre mehr tragen. Die Menschen sind der himmlischen Gabe nicht länger wert.« Die Umstehenden, die das hörten, erschraken, fielen auf die Knie und flehten, daß er noch etwas möchte an dem Halm stehen lassen: wenn sie selbst es auch nicht verdienten, doch der unschuldigen Hühner wegen, die sonst verhungern müßten. Der Herr, der ihr Elend voraussah, erbarmte sich und gewährte die Bitte.
Also blieb noch oben die Ähre übrig, wie sie jetzt wächst.

nach einer Erzählung der Gebrüder Grimm

9

10

11

12

13

14

15

16

Herr von Ribbeck auf Ribbeck im Havelland

*Herr von Ribbeck auf Ribbeck im Havelland,
Ein Birnbaum in seinem Garten stand,
Und kam die goldene Herbsteszeit
Und die Birnen leuchteten weit und breit,
Da stopfte, wenn's Mittag vom Turme scholl,
Der von Ribbeck sich beide Taschen voll,
Und kam in Pantinen ein Junge daher,
So rief er: »Junge, wiste 'ne Beer?«
Und kam ein Mädel, so rief er: »Lütt Dirn,
Kumm man röwer, ick hebb 'ne Birn.«*

*So ging es viel Jahre, bis lobesam
Der von Ribbeck auf Ribbeck zu sterben kam.
Er fühlte sein Ende, 's war Herbsteszeit,
Wieder lachten die Birnen weit und breit;
Da sagte von Ribbeck: »Ich scheide nun ab.
Legt mir eine Birne mit ins Grab.«
Und drei Tage drauf, aus dem Doppeldach-
haus,
Trugen von Ribbeck sie hinaus,
Alle Bauern und Büdner mit Feiergesicht
Sangen »Jesus meine Zuversicht«,
Und die Kinder klagten, das Herze schwer:
»He is dod nu. Wer giwt uns nu 'ne Beer?«*

September

17

18

19

20

21

22

23

24

Fortsetzung von S. 94

So klagten die Kinder. Das war nicht recht –
Ach, sie kannten den alten Ribbeck schlecht;
Der neue freilich, der knausert und spart,
Hält Park und Birnbaum strenge verwahrt.
Aber der alte, vorahnend schon
Und voll Mißtraun gegen den eigenen Sohn,
Der wußte genau, was damals er tat,
Als um eine Birn' ins Grab er bat,
Und im dritten Jahr aus dem stillen Haus
Ein Birnbaumsprößling sproßt heraus.

Und die Jahre gehen wohl auf und ab,
Längst wölbt sich ein Birnbaum über dem Grab,
Und in der goldenen Herbsteszeit
Leuchtet's wieder weit und breit.
Und kommt ein Jung' übern Kirchhof her,
So flüstert's im Baume: »Wiste 'ne Beer?«
Und kommt ein Mädel, so flüstert's: »Lütt Dirn,
Kumm man röwer, ick gew' di 'ne Birn.«

So spendet Segen noch immer die Hand
Des von Ribbeck auf Ribbeck im Havelland.

Theodor Fontane

25

26

27

28

29

30

Der vorsichtige Träumer

In dem Städtlein Witlisbach im Kanton Bern war einmal ein Fremder über Nacht, und als er ins Bett gehen wollte und bis auf das Hemd ausgekleidet war, zog er noch ein Paar Pantoffel aus dem Bündel, legte sie an, band sie mit den Strumpfbändern an den Füßen fest und legte sich also ins Bett. Da sagte zu ihm ein anderer Wandersmann, der in der nämlichen Kammer übernachtet war: »Guter Freund, warum tut Ihr das?« Darauf erwiderte der erste: »Wegen der Vorsicht. Denn ich bin einmal im Traum in eine Glasscherbe getreten. So habe ich im Schlaf solche Schmerzen davon empfunden, daß ich um keinen Preis mehr barfuß schlafen möchte.«

Johann Peter Hebel

1

2

3

4

5

6

7

8

Die Veränderung muß
beim einzelnen beginnen,
jeder von uns kann dieser
einzelne sein.
Niemand kann es sich leisten,
einfach umherzublicken
und auf jemand zu warten,
der das tun soll, was man selber
nicht tun will.

C.G. Jung

9

10

11

12

13

14

15

16

Herbstbild

Dies ist ein Herbsttag, wie ich keinen sah!
Die Luft ist still, als atmete man kaum,
Und dennoch fallen raschelnd, fern und nah,
Die schönsten Früchte ab von jedem Baum.

O stört sie nicht, die Feier der Natur!
Dies ist die Lese, die sie selber hält,
Denn heute löst sich von den Zweigen nur,
Was vor dem milden Strahl der Sonne fällt.

Friedrich Hebbel

Es ist ein tragisches Kapitel menschlicher Geschichte, daß der Mensch sich soweit hat beeinflussen lassen, daß er der Nahrung um so mehr traut, je unnatürlicher und künstlicher sie ist, und daß er sich das Mißtrauen zu allen Lebensmitteln, wie die Natur sie uns beschert, so fest hat einpflanzen lassen, daß er eher zugrunde geht, als diese Haltung aufzugeben. Daß er dieses Mißtrauen zur Schöpfung selbst nicht als unrecht und widersinnig empfindet, ist ein Zeichen dafür, wie weit er sich durch ständige Fehlinformation seinen Instinkt hat nehmen lassen.

Dr. M. O. Bruker

17

18

19

20

21

22

23

24

Unbekannter Dichter

Dû bist mîn

Dû bist mîn, ich bin dîn.
des solt dû gewis sîn
dû bist beslozzen
in mînem herzen.
verlorn ist daz sluzzelîn:
dû muost ouch immêr darinne sîn.

25

26

27

28

29

30

31

Alter irischer Segensspruch

Möge das gesegnete Sonnenlicht dich bescheinen und dein Herz erwärmen, bis es glüht wie ein Torffeuer, damit der Fremde kommen kann und sich daran wärmen und auch ein Freund.

Und möchte das Licht aus deinen Augen leuchten wie eine Kerze, die man ins Fenster des Hauses stellt, den Wanderer bittend, hereinzukommen aus dem Sturm von draußen.

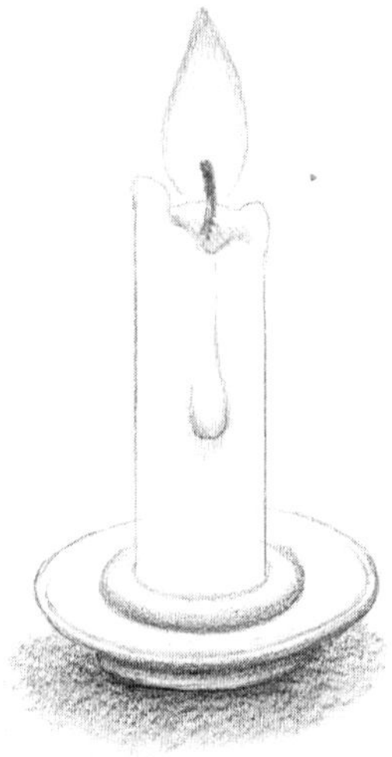

1

2

3

4

5

6

7

8

*Wann wird man unsere Kinder
in der Schule lehren, was sie selbst sind?*

*Jedem dieser Kinder sollte man sagen:
Weißt du, was du bist?
Du bist ein Wunder!
Du bist einmalig!
Auf der ganzen Welt gibt es kein zweites Kind,
das genauso ist wie du.*

*Und Millionen von Jahren sind vergangen,
ohne daß es je ein Kind gegeben hätte wie
dich.*

Schau deinen Körper an, welch ein Wunder!

*Deine Beine, deine Arme, deine geschickten
Finger, deinen Gang.
Aus dir kann ein Shakespeare werden, ein
Michelangelo, ein Beethoven.*

Es gibt nichts, was du nicht werden könntest.

*Jawohl, du bist ein Wunder.
Und wenn du erwachsen sein wirst,
kannst du dann einem anderen wehe tun,
der, wie du selbst, auch ein Wunder ist?*

Pablo Casals

Schafft euch ein Nebenamt, ein unscheinbares, womöglich ein geheimes Nebenamt! Tut die Augen auf und sucht, wo ein Mensch ein bißchen Zeit, ein bißchen Teilnahme, ein bißchen Gesellschaft, ein bißchen Fürsorge braucht.

Vielleicht ist es ein Einsamer, ein Verbitterter, ein Kranker, ein Ungeschickter, dem du etwas sein kannst. Vielleicht ist's ein Greis, vielleicht ein Kind. Wer kann die Verwendungen alle aufzählen, die das kostbare Betriebskapital, Mensch genannt, haben kann! An ihm fehlt es an allen Ecken und Enden.

Darum suche, ob sich nicht eine Anlage für dein Menschentum findet. Laß dich nicht abschrecken, wenn du warten oder experimentieren mußt. Auch auf Enttäuschungen sei gefaßt. Aber laß dir ein Nebenamt, in dem du dich als Mensch an Menschen ausgibst, nicht entgehen. Es ist dir eins bestimmt, wenn du nur richtig willst.

Albert Schweitzer

9

10

11

12

13

14

15

16

Der bestirnte Himmel über mir und das moralische Gesetz in mir

Zwei Dinge erfüllen das Gemüt mit immer neuer und zunehmender Bewunderung und Ehrfurcht, je öfter und anhaltender sich das Nachdenken damit beschäftigt: der bestirnte Himmel über mir und das moralische Gesetz in mir.

Beide muß ich nicht als Dunkelheiten verhüllt, oder im Überschwenglichen, außer meinem Gesichtskreise suchen und bloß vermuten; ich sehe sie vor mir und verknüpfe sie unmittelbar mit dem Bewußtsein meiner Existenz. Das erste fängt von dem Platze an, den ich in der äußeren Sinnenwelt einnehme, und erweitert die Verknüpfung, darin ich stehe, ins unabsehlich Große mit Welten über Welten und Systemen von Systemen, überdem noch in grenzenlose Zeiten ihrer periodischen Bewegung, deren Anfang und Fortdauer. Das zweite fängt von meinem unsichtbaren Selbst, meiner Persönlichkeit an und stellt mich in einer Welt dar, die wahre Unendlichkeit hat,

17

18

19

20

21

22

23

24

Fortsetzung von Seite 114:

und mit welcher ich mich nicht in bloß zufälliger, sondern allgemeiner und notwendiger Verknüpfung erkenne. Der erstere Anblick einer zahllosen Weltenmenge vernichtet gleichsam meine Wichtigkeit als eines tierischen Geschöpfs, das die Materie, daraus es ward, dem Planeten, einem bloßen Punkt im Weltall, wieder zurückgeben muß, nachdem es eine kurze Zeit, man weiß nicht wie, mit Lebenskraft versehen gewesen.

Der zweite erhebt dagegen meinen Wert unendlich durch meine Persönlichkeit, in welcher das moralische Gesetz mir ein von der Tierheit und selbst von der ganzen Sinnenwelt unabhängiges Leben offenbart.

Immanuel Kant

25

26

27

28

29

30

Aufklärung ist der Ausgang des Menschen aus seiner selbstverschuldeten Unmündigkeit. Unmündigkeit ist das Unvermögen, sich seines Verstandes ohne Leitung eines anderen zu bedienen. Selbstverschuldet ist diese Unmündigkeit, wenn die Ursache derselben nicht am Mangel des Verstandes, sondern der Entschließung und des Mutes liegt, sich seiner ohne Leitung eines anderen zu bedienen. Sapere aude! Habe Mut, dich deines eigenen Verstandes zu bedienen! ist also der Wahlspruch der Aufklärung.

Immanuel Kant,
Was ist Aufklärung?

1

2

3

4

5

6

7

8

Stufen

Wie jede Blüte welkt und jede Jugend
Dem Alter weicht, blüht jede Lebensstufe,
Blüht jede Weisheit auch und jede Tugend
Zu ihrer Zeit und darf nicht ewig dauern.
Es muß das Herz bei jedem Lebensrufe
Bereit zum Abschied sein und Neubeginne
Um sich in Tapferkeit und ohne Trauern
In andre, neue Bindungen zu geben.
Und jedem Anfang wohnt ein Zauber inne,
Der uns beschützt und der uns hilft, zu leben.

Wir sollen heiter Raum um Raum durchschreiten,
An keinem wie an einer Heimat hängen,
Der Weltgeist will nicht fesseln uns und engen,
Er will uns Stuf' um Stufe heben, weiten.
Kaum sind wir heimisch einem Lebenskreise
Und traulich eingewohnt, so droht Erschlaffen.
Nur wer bereit zu Aufbruch ist und Reise,
Mag lähmender Gewöhnung sich entraffen.

Es wird vielleicht auch noch die Todesstunde
Uns neuen Räumen jung entgegen senden,
Des Lebens Ruf an uns wird niemals enden…
Wohlan denn, Herz, nimm Abschied
und gesunde!

Hermann Hesse

9

10

11

12

13

14

15

16

Von der Aufrichtigkeit

Arbeit ist sichtbar gewordene Liebe.

Und vermöget ihr nicht mit Liebe zu schaffen, doch nur mit Widerwillen, so verlasset lieber eure Arbeit und setzet euch an das Tor des Tempels, um Almosen zu empfangen von jenen, die freudig arbeiten.

Denn so ihr Brot gleichgültig backet, backt ihr ein bitteres Brot, das den menschlichen Hunger nur halb stillt.

Und so ihr die Trauben mit Murren presset, träufelt euer Groll ein Gift in den Wein.

Und sänget ihr auch den Engeln gleich und liebetet Singen nicht, so trübetet ihr nur das Ohr der Menschen für die Stimmen des Tags und die Stimmen der Nacht.

Khalil Gibran
»Der Prophet«

Dezember

17

18

19

20

21

22

23

24

Von guten Mächten

Von guten Mächten treu und still umgeben,
behütet und getröstet wunderbar,
so will ich diese Tage mit euch leben
und mit euch gehen in ein neues Jahr.

Noch will das alte unsre Herzen quälen,
noch drückt uns böser Tage schwere Last,
ach, Herr, gib unsern aufgescheuchten Seelen
das Heil, für das du uns bereitet hast.

Und reichst du uns den schweren Kelch, den bittern
des Leids, gefüllt bis an den höchsten Rand,
so nehmen wir ihn dankbar ohne Zittern
aus deiner guten und geliebten Hand.

Doch willst du uns noch einmal Freude schenken
an dieser Welt und ihrer Sonne Glanz,
dann wolln wir des Vergangenen gedenken,
und dann gehört dir unser Leben ganz.

Laß warm und still die Kerzen heute flammen,
die du in unsre Dunkelheit gebracht,
führ, wenn es sein kann, wieder uns zusammen.
Wir wissen es, dein Licht scheint in der Nacht.

Wenn sich die Stille nun tief um uns breitet,
so laß uns hören jenen vollen Klang
der Welt, die unsichtbar sich um uns weitet,
all deiner Kinder hohen Lobgesang.

Von guten Mächten wunderbar geborgen,
erwarten wir getrost, was kommen mag.
Gott ist mit uns am Abend und am Morgen
und ganz gewiß an jedem neuen Tag.

Dietrich Bonhoeffer

»Adieu«, sagte der Fuchs. »Hier ist mein Geheimnis. Es ist ganz einfach: man sieht nur mit dem Herzen gut. Das Wesentliche ist für die Augen unsichtbar.«

Der Kleine Prinz
Saint-Exupéry

Dezember

25

26

27

28

29

30

31